Capa será colorica com fundo de página marronzinho clarinho. Encontra-se no arquivo que mandei em separado.

Flor da Velhice

ISBN 978-85-905054-4-0

1ª Edição: 2015

Capa: Pintura Artista Plástica
       Arlete Mello

1. Poesia   2. Família   3. Idoso

Composto pelo próprio autor.

Pedidos e comunicações:

Nelson.alvesmello@gmail.com

Impresso por Prol Gráfica Editora.

Uma palavrinha inicial

Em outubro de 2005 eu, na Flor da Velhice, 59 anos, fiz o lançamento do meu segundo livro: As Alegrias de um Escritor sem fama (ainda). Convidei 1000 ilustres pessoas. O espaço comportava aproximadamente 100. No dia em questão, compareceram 30 ilustres!!! Uma multidão por tratar-se de livro. Não é mesmo?
Quão importante é um livro, não é?
Até pensei.
Por que eu gosto tanto de livros assim?
Fui rebuscar as janelas de minha memória (como descreve Augusto Curi) e lembrei-me de imediato de 'Rin Tin Tin et son maitre'. Meu primeiro contato com livros. Livro este, presente de minha professora de francês parabenizando-me como primeiro aluno da classe. Em outubro de 1958, eu, na Flor da Infância, 12 anos só. Como gostei daquele gentil ato da professora Serafina.
Pensei.
Por essa época tivera eu uma bruta desilusão que me fez perder a confiança no mundo.
Pode?
Coitado de mim. Parei de falar, desatei a pensar e passei a escrever o que pensava. Descobri que para escrever mais e melhor, precisaria ler muito mais ainda. Conclui que:
Quem lê sabe mais.
Vi sabedoria nos livros.
Livros de matemática, biologia, economia, advocacia. Livros e mais livros. Devorava todos:

comprados (poucos porque não tinha dinheiro), emprestados, achados (a maior parte) e dados.
 Certa época, anos depois, jogava eu, xadrez sistematicamente com um colega de classe e simplesmente perdia todas as partidas. Pensei. Vou comprar um livro de xadrez e ver o que acontece. Dito e feito. Comprei. Li. Joguei e ganhei, ganhei, para surpresa do meu incrédulo adversário que até hoje este fato não entendeu.
 Vi sabedoria e experiência registrada em livros.
 Por isso escrevo. Escrevo para transmitir alegrias e amor em família para a vida inteira. São experiências vividas e vívidas em minha existência. São práticas coerentes sobre uma vida dedicada a Deus e à família.

 Não preciso dizer mais nada. Não é?

 Divirta-se e absorva.

Aquela Alegria pessoal!

Nelson, o autor

www.nelsonmelloescritor.blogspot.com
www.nelsonmellowriter.blogspot.com
nelson.alvesmello@gmail.com

CONVITE MEUS 65 ANOS
(Flor da velhice em ação)

A
Meus amigos, filhos, parentes, co-parentes.

Meu forninho de pizza vai funcionar outra vez. É muito gostosa a pizza na horinha certa. Vou fazer 65 anos (Flor da Velhice) dia 7 de maio, sábado às 19 horas. Alameda Corvina. Você está convidado. Lembro que não precisa trazer presentes, pois já tenho tudo que preciso e inclusive estou doando: camisetas, calções, chapéus, raquetes de tênis, maillot de piscina (atual sunga), pneu e câmera de bicicleta, bronzeador, creme hidratante, perfume (tenho um há aproximadamente 15 anos), cuecas mil, lenços, gravatas, sabonetes especiais para pele, automóvel (tenho um azul novinho com 200.000 km e ele gosta de mim), guarda-chuva, desodorante (não sei o porquê sempre ganho muitos!!!).
Na realidade, o que eu gostaria de receber de presente é ver a felicidade estampada em cada olhar das pessoas, felicidade estampada devido ao prazer de viver, ao prazer de saber quão boa a vida está sabendo-se que poderia ser muito pior, ao prazer de conviver com as pessoas que se ama, ao prazer de gostar do que se tem e não do que se quer ter, ao prazer de desfrutar do sol, da chuva (já que tens guarda-chuva), do frio (já que tens cobertor), ao prazer de servir à necessidade dos próximos, ao prazer de ver o semblante puro das criancinhas com um sorriso que vem do céu.

Enfim, ao prazer de aproveitar a vida que Deus graciosamente te ofertou.

Em resumo, ver a alegria estampada nas faces das pessoas sabendo que Jesus Cristo é UMA PESSOA viva, presente e atuante na vida de todos que o buscam. Por isto estou sempre com estas mensagens, prazer de ver estampada nas faces das pessoas a certeza que a Vida Eterna com Jesus Cristo é uma realidade e que hoje posso tê-la (vida eterna) aqui mesmo na nossa vida cotidiana. Acreditem, pois tenho diversas experiências que comprovam tudo que estou falando. Jesus Cristo é minha vida. Quero que todos a tenham por isto insisto.

Favor confirmar tua presença, pois cada um terá direito a dois pedaços de pizza e um copo de suco de uva.

Tenho uma surpresa muito gratificante a todos.
Tua presença muito me alegrará.

Nelson Mello.
O Menino Esperança.

CONVITE MEUS 67 ANOS
(Flor da velhice em ação)

Meus amigos.

Mais 366 dias se foram.
Dias e noites que não voltam jamais.
Quem nadou, nadou.
Quem dormiu, dormiu.
Quem abraçou, abraçou.
Quem cantou, cantou.
Quem louvou, louvou.
7 de maio de 1946 vim eu ao mundo (logo depois da guerra. Que sorte não!).
Vim ao mundo alegre e feliz sem saber de nada.
Nem imaginada que tinha eu uma missão.
Quer saber?
Demorou muito para que eu descobrisse.
Neste próximo sábado dia 5 às 20:01 hs,
estarei te aguardando com muita
pipoca, chá, capuccino, lareira na brasa
e
só, só, só muita, muita
música, louvor e adoração.

       Prefiro tua presença e não presente.

AQUELA ALEGRIA VERDADEIRA
Natal de 2013
(Flor da Velhice em ação)

Dentre todos os que estão em minha lista:

Muitos me ajudaram.

Muitos foram por mim ajudados.

Muitos são tão importantes que não tenho palavras (embora seja escritor).

Muitos me fazem ter a razão de existir.

Muitos me dão o prazer de estar presente.

Muitos são os auxiliadores de minhas alegrias.

Muitos são motivos de minhas intercessões.

Muitos são aqueles que fazem aumentar meus dias aqui neste mundo.

Muitos são os responsáveis pelo meu esforço sem limites.

Muitos são os motivos de minhas pesquisas e estudos por palavras de conforto e sabedoria.

Muitos, embora distantes, são motivos de muitas lágrimas derramadas em silêncio.

Muitos, bem próximos, são os motivos de oferecer minha outra face.

Muitos, também bem próximos, são os motivos de minhas imensas gargalhadas.

Muitos são os motivos de meu próximo livro em fabricação. Aguardem.

Muitos são aqueles a quem sinto que devo pedir perdão. (seja por omissão, seja por excesso)

Muitos são aqueles que enriquecem meu sono e meus sonhos.

Muitos são aqueles a quem sinto que preciso liberar perdão.

Muitos são aqueles a quem o Espírito Santo se encarrega de me direcionar com soluções secretas.

Muitos são aqueles a quem o Espírito Santo me desperta do sono tranquilo para enviar proteções invisíveis e efetivas.

Muitos mais por vir estão.
Pois neste mundo:
Jesus Cristo ainda não me disse que terminei aqui minha missão.
Tenho a certeza que receberei a comunicação.
Por Jesus Cristo.
Meu Criador.
Meu Redentor.
Meu Consolador.

Se você não encontra neste mundo quem o ame,
Fique tranquilo,
O mais importante de todos te ama.
Jesus Cristo te ama.

Jesus Cristo ama todos e é o Homem mais importante da vida presente e vida eterna futura.

Happy Jesus Christ birthday. (alguns de meus amigos só entendem Ingles).

Aquela alegria verdadeira (não passageira).

Resultados da 'Aquela alegria verdadeira'

Eu, na Flor da Velhice fico assim super emocionado com os resultados de atos simples mas sinceros e profundos da alma. Esta é a verdadeira situação do velhinho na Flor da Velhice em busca da verdadeira felicidade.

Vejamos:

- Obrigado pelas lindas palavras. Não sei em qual item nos encaixamos mas sei que fizemos parte de sua vida neste ano e esperamos que no ano que vai iniciar, mais coisas boas venham e nós nos encaixemos nelas. Que as bênçãos do Senhor venham sobre nós e nos dê a verdadeira paz e vida.

- Oi Nel!!! É uma lista de sortudos acredite! És um verdadeiro escritor e abençoado. Li todo teu texto e estou naquela alegria verdadeira. Quando vejo papai Noel nas fotos, na rua, nas lojas, vejo você, um homem de Deus que está no natal e no ano inteiro carregando parte ou todo fardo das pessoas que você conhece e cruzam o teu caminho. Você sim é o verdadeiro papai Nel.

- Nelson. Fiquei muito sensibilizado por tuas palavras. Feliz por você ter escrito. Momentos há em que ficamos por demais fragilizados pelos embates que passamos que, precisamos nos reorientar. Estas palavras nos permitem ver que não estamos sós. Levantamos a cabeça, abrimos o coração e, como que por milagre, nos sentimos reenergizados, prontos para prosseguir e a interagir com o mundo cheio de alegrias.

Dá para perceber os verdadeiros valores da vida de um cidadão na Flor da Velhice?

Recompensas de um escritor sem fama (ainda)

Se você não leu nenhum dos meus dois livros, vai aqui uma explicação (embora eu ficaria mais feliz se você os comprasse e os lesse):

Recompensas são alegrias que recebo através de fatos e escritos de meus ilustres leitores. Fatos e escritos estes que me enchem de satisfação, lágrimas e emoções indescritíveis.

Em realidade eu as numerei de tal forma que já recebi 362 recompensas até o momento que precede o desenvolver deste novo livro.

Em virtude de que as recompensas nunca cessarão em minha vida, estarei relatando algumas outras recebidas após as 362.

Vejam só a seguir...

Recompensa 363

Oi querido pai.
Mais uma recompensa... lá se vai.
Para aumentar, somar, colaborar com você,
Estou decidido a escrever mais três.

Toda glória pertence a Deus, disto estás ciente,
Porém, sem dúvida, você merece um gigantesco mérito.
Sem fama neste meio e também sem muito crédito.
Venceu o sofrimento com fé e muita perseverança,
Seguiu sempre em frente,
Muito feliz e sorridente,
Com a certeza infalível da criança.

Decidi escrever mais três.
Não porque precisasse.
Fiz isto para que lhe agradasse
E para que 365 recompensas,
Uma alegria por dia,
Assim as completasse.

OBRIGADO DEUS pelo MEU PAI!

Recompensa 364

A penúltima alegria do ano.
Mas as alegrias não podem acabar.
Aliás, a 'União Suprema' não pode se separar,
Ah! E a vida eterna acabou de começar e
Nunca vai se findar.

Que lindo!
Realmente seu livro vai marcar cada geração.
A começar, há um bom tempo, pelo meu coração.
Na verdade, quantas pessoas?
Nós não temos noção...
O que sei é que mesmo chegando aos 30,
Cada dia uma lição.

Parabéns pai por sua realização.
Parabéns papai por tão maravilhoso coração.
Parabéns aba-papai por agüentar
Este enorme pequeno filhão.

Recompensa 365

Há, Há, Há!!!
As alegrias de um escritor sem fama (ainda)
Me fez cair da cama!

Pra mim, tá resumido.
Gostaria de mais tempo, assim ter vivido.
Demorei,
Mas aos poucos tenho aprendido.

O bom é dar risada, gargalhada...
Mesmo que o assunto não for nada.
É verdade, contemplar o 'bello',
Mesmo que não seja cabeludo
Mas sim o Mr.Mello.

Sei lá, comer pêssego em calda,
Mesmo sem o marsh-mello.
Sorrir do leite derramado
Mesmo que o feijão esteja estragado.

Seu livro ficou maravilhoso.
A capa mexe com meu coração.
Me fez dormir em paz, acordar e sorrir
Com muitas pessoas,
Vou estas emoções, dividir.
- x -
Dá para entender porque
Minha Vida é
Plena de Alegrias????

Obrigado meu filho.

Recompensa 369

Sr.Nelson.

Estava eu arrumando um armário em meu quarto onde coloco alguns livros que ainda não li mas que estão na fila para que um dia sejam lidos.
Estava em pé em cima de uma escada e vi o livro "Os Porquês de Minha Vida de Alegrias". Comecei a passar as folhas uma, depois a outra, algumas me fizeram suspirar, outras meus olhos se encheram de lágrimas...
Ainda não o li totalmente, mas percebi que é um livro especial.
Parabéns por sua sensibilidade.
Parabéns por ver as coisas de uma maneira especial e por conseguir colocá-las no papel.
Um grande abraço.

L.C.
(gerente banco)

Ainda bem que ela desceu da escada...
Suspiros e lágrimas.
Isto me encanta.
Obrigado L.C.

Recompensa 370

Ao
Sr.Nelson

Durante muito tempo de minha vida, vivia no choro e tristeza constante e achava que a felicidade estava em meu remédio para dormir.
Não havia conforto e paz. Cheguei ao fundo do poço onde para mim a morte seria a salvação.
Tinha Cristo no coração embora não encontrasse forças para lutar.
Enfim, acredito ter superado e passei a viver um dia de cada vez.
Ao ler 'Os Por Quês de Minha Vida de Alegrias' percebi que a felicidade anda junto conosco e basta prestarmos atenção e veremos que tudo é motivo de alegria.
Tenho certeza que guardarei para sempre em meu coração o sol, o vento, a liberdade, a tranqüilidade e muita "Alegria de Viver".
O senhor tem sido minha maior lição de vida.
O que dizer para o homem da malinha da alegria?
Mais, mais, mais, mais e mais Alegria, Amor e Paz.

Simone
Jandira.
4/6/2004

Por ora, chega de recompensas.

Vamos continuar a Vida de Alegrias.

Homenagem ao Nelson

Sempre me diz: "Sorria,
você está no banco da alegria."
E com toda harmonia,
É muito brincalhão.
É o amor de seu coração.

Sempre de bom humor,
Está sorrindo para o Senhor!

Ele me trata com muito carinho
E sempre me enche de beijinhos!

Você é o meu melhor amigo
E sempre vou estar contigo.

Você vale mais do que ouro
Para mim e
Para o Senhor.

Feliz aniversário.

Com amor
Giovanna, Vitória, Ricardo, Isabella,
Mamãe e Papai.

x – x

Poesia escrita por Giovanna Ferraro Peres com apenas 10 anos de idade.
Valeu minha pequena poetiza

AI QUE DÓ!!!

Personagens:
Eu, Enzo (6 anos) e Ricardinho (4 anos)

Dim Dom.
A campainha toca.
Vou à janela e vejo duas bicicletinhas e dois menininhos: Enzo e Ricardinho.

"**Nel. Grita o Ricardinho.**"
"**O pneu está *mucho*.**"

Tá bom. Vou aí encher.

Desligo o telão, desço pelas escadas, pego a bomba de ar e saio na calçada.
Enquanto encho o pneu, Ricardinho diz:

"**Pega uma tampinha para dar para o *Enxó* colocar no pneu da *bichicleta* dele.**"

Ah. Eu não tenho mais nenhuma tampinha. A não ser que eu pegue da minha bici. Tá bom assim, Enzo?

"**Acho que é bom.**" Responde logo o Enzo.

Saio eu, pego as duas tampinhas da minha bici e coloco na bicicletinha dele.

Enquanto isso, Enzo me pergunta:

21

"Você conhece a minha irmã mais velha, a Camila?"

Não. Eu conheço teu irmãozinho Nicolas e tua irmã Paola. Tem outra?

"Tem sim. É a Camila. Vou falar para ela vir até aqui para você conhecer. Tá bom?"

Tá. Fala para ela vir com a bici dela que eu encho os pneus.

"Nel. Você já viu o Palio novo?" Diz o Enzo.

Não. Ainda não. Você gosta de carro?

"É muito bonito. Gosto sim."

"De quem é a picape branca?"

É do meu filho Renato.

"Onde ele está?"

Ele viajou para o Guarujá.

"E esse Celta aí?"

É da minha filha Simone.

"Ela está aí?"

Não. Ela viajou junto ao Guarujá.

Aí o Ricardinho entra na conversa e diz:

"**E o Santana? Cadê? Não está aí? E ainda mais trocou de lugar com a picape.**"

É isso mesmo. Trocou de lugar. O Santana foi embora com a Arlete que também viajou com a mãe dela.

Aí entra o Enzo e diz:

"**Você está sozinho aí?**"

Sim, estou. Todos viajaram.

"**Você dorme aí só?**"

Isso mesmo. Durmo sozinho.

"**Ai que dó!!!**"

Penso eu: Valeu. Viva! Feriados.

VOU PEDIR P'RO MEU PAI.

Oi? Oi? Oi?

Tchaaaaau...

Oi? Oi? Oi?

Tchaaaaau...

Assim era a alegria no trenzinho em Lindóia.
40 turistas no trenzinho alegrando os pedestres.

Oi? Oi? Oi?

Tchaaaaau...

Havia uma menininha no vagão da frente, que com seus olhinhos curiosos me imitava em tudo; desde o "Oi" até o "Tchaaaaau."

Uma graça de menininha com seu cabelo pixaim com quatro trancinhas apontadas para o céu.
Uma graça, uma pureza, uma singeleza de menininha.
Acabei por fazer amizade com ela.
Tornei-me seu amiguinho, seu amiguinho, velhinho de rareados cabelos brancos. Veja só!

"Onde está tua mãe?"

Você deve estar pensando que fui eu quem perguntou. Não é mesmo?

Na realidade, foi ela quem perguntou a mim, toda dengosa, quase que querendo que minha mãe cuidasse de mim, sem ter a mínima idéia que eu já tenho 60 aninhos. Na Flor da Velhice.

Minha mãe era bem velhinha e morreu.

Sem piscar, ela:

"Onde está seu pai?"

Ah. Meu pai também era velhinho, velhinho e morreu.

"Cadê teu filho?"

Meu filho é aquele ali.

Com um sorriso, ela ficou satisfeita e tocou sua vidinha...

Chegou o dia de ir embora e estava eu esperando o meu carro para sair do hotel...

Quando meu carro chega, a menininha diz:

"É esse o teu carro?"

É. Respondo.

"Ai que feio?". Exclama ela.

carro é um Santana azul com 9 anos de uso; eu acho bonito e de repente ela diz que é feio?

Você acha que é feio?

"Acho. O meu é Meriva."

Então, o meu é feio?

"É. É mesmo."

E ela arremata a conversa com uma maravilhosa surpresa.

"Vou pedir p'ro meu pai dar um Meriva para você."

Acho que a linda menininha gostou mesmo de mim, não é?

Quanta alegria!!! Quanta pureza!!!

Valeu!!! Não é???

 Mas o Meriva ainda não chegou, continuo aguardando.

O PIRULITO

Isabella! Como você está bonita!

... (sorriso de satisfação)

Isabella. Quantos aninhos você tem?

"Dois". Mostrando dois dedinhos selecionados.

Que sorriso bonito!

Você está muito alegre, não é?

"Mamãe vai comprar piruito."

Ah! Que bom. A mamãe vai comprar piruito?

"Não. Piruito."

Ah! Entendi. Pirulito?

"É isso mesmo. Piruito.

... muita alegria, não é???

UNCLE HOO HOO.

Maya S. C., 6 ¾ anos.
Lia S. C., 3 anos.

Indiazinhas de Bangalore. Alta Classe.
Minoria na Índia.
Netinhas de meu amigo indiano Mike, ex profissional HP nos EUA, em época semelhante, conterrânea comigo, ex profissional IBM no Brasil. EUB? RFB?
Daí, nossa sintonia,
Embora tão distante moradia
E dificultosa companhia.

Mesmo assim, Mike,
Quis porque quis,
Trazer-me suas netinhas
A me conhecer.

Foi uma alegria,
Diversão a valer.
Elas gargalhavam
Ao brincar comigo
E com minha casinha no jardim,
Com funções de caixa de correio.
Olhavam pela janelinha
E eu pela portinha
Gritando alegre:

Huu, Huu... Huu, Huu... (português)
Hoo, Hoo... Hoo, Hoo... (inglês)

E elas gargalhavam sem parar.

Até que a visita encerrou.
Foram de volta para Bangalore, Índia.
Fiquei em Alphaville, Brasil.

Seis meses depois...

Mike retorna ao Brasil
E me diz como primeira frase:
Maya falou de você.
É mesmo? Entusiasta e curioso.
O que ela falou?
Ela disse:

"Uncle Hoo Hoo looks like Jesus."

Nesse instante meus olhos lacrimejaram.
Como poderia?
Alguém nato em um país tão diferente, tão distante, tão repleto de costumes diferenciados, lembrar-se de mim e dizer após 6 meses sem nos vermos:

"Uncle Hoo Hoo, looks like Jesus"...
Think about ...

CURTINHA 1

Petruska

Dostoievisky,
Escreveu Crime e Castigo.

Jesus Cristo,
Sofreu castigo
Sem ter feito crime.

Nelson Mello, eu,
Escrevi Amor e Alegrias.

É o que desejo
A você Petruska,
Para toda sua vida
Que apenas se inicia.

CURTINHA 2

Mariana

Gosto muito de rima,
Isto muito me anima.
Agora!
Dedicatória à Mariana!
A rima padrão desatina.
Mudo então a dialética.
Alegrias aos montões
e muitas emoções.
À minha primeira leitora
Engenheira Elétrica.

Flor da minha juventude

A estória começou assim:

> "Ah! Eu li o teu livro!"
> "Fiquei muito feliz."

???

Havia eu acabado de chegar à Igreja.
Havia ido ao culto para cuidar do meu netinho, uma beleza!
Com meus botões, pensava...
O que Jesus Cristo iria me trazer em surpresa?
Olhei para a mocinha, curioso e interessado.
Cabelo preto, liso, bem penteado e escovado,
Perfilava seu rosto, um pouco de cada lado,
Sorriso largo, solto, bem arrumado.

Ah! Feliz por saber que o Menino Esperança tem uma Flor.

???

Qual seria a razão d'aquilo tudo?
Arregalei os olhos, sorri, mas fiquei mudo.

"Ah! Eu sou a Flor."

Ela esclareceu, percebendo meu torpor.
Não caí da cadeira porque não estava sentado
Meu coração repicou emocionado.
Em minha juventude havia uma Flor sim,

No referido livro havia registrado assim:

"Uma menina cujo nome é Flor."
Esta, ele achava linda.
Tinha um rosto tão perfilado e peculiar.
Ele não conseguia descrever.
Fazia jus ao seu nome,
Parecia uma flor que desponta no jardim!
Seria esta a Flor da minha juventude?
Meu pensamento, minha perspicácia agucei amiúde.
46 anos passados.
A memória rápida voou aos ares,
Voltei ao clássico, ao Macedo Soares,
Ainda está lá para quem quiser comprovar.
Entrei na sala,
Lembrei-me dos estudos
E do meu sacrifício.
Ah! Como era difícil...
Vi as carteiras rotas, mal cuidadas,
Luzes fracas, algumas até queimadas,
Mas mesmo assim,
Perfilei a linda Flor
A olhar para mim...
Senti o perfume do amor.
Após este ofegante momento,
Por Jesus Cristo providenciado,
Te digo: Flor. Com sinceridade,
Não eras tu aquela menina Flor antiga,
Pois tu não eras ainda nascida,
Mas mesmo assim, te digo de verdade,
Te tornaste a minha Flor amiga
Que desponta no jardim da minha eternidade.

Poesias por Encomenda

A estória começou mais ou menos assim.
Estava eu, divulgando, expondo e vendendo meus livros de poesias quando de repente...

"Você que fez este livro?"

Foi a voz de uma menininha curiosa de 9 anos de idade, enquanto folheava meu livro
"As Alegrias de um escritor sem fama (ainda)"

Sim. Fui eu.

"Tudo isto?"

Sim. Tudo isso.

"Mas!!! Como você conseguiu?"

Com certeza ela pensou que eu escrevera tudo de uma só vez. Expliquei:

Ah! Em realidade, escrevi cada dia um pouquinho e depois juntei tudo.
Aí saiu o livro.

Você quer ver como se faz? Perguntei.

"Quero mesmo."

Aí vai.

Como é o teu nome?

"Lara." Respondeu ela.

Lógico que pensei no "Tema de Lara", mas como ela não havia nascido quando o filme foi feito, deixei o tema para lá e ...

Peguei o lápis

E

De total improviso fui delineando uma poesia que logicamente teria o nome dela.

Ficou assim:

Lara ou Larita?

Lara ou Larita?
Mas que menina bonita!
Ai, meu Deus, tão bonita,
Parece uma cabrita.

Que sorriso maravilhoso.
O pai dela, eu não conheço,
Mas deve estar muito orgulhoso
De ter uma filha tão bonita
Que parece uma cabrita.

Quantos anos terá ela?
Catorze ou dezoito?
Nenhum dos dois, diz ela,
Foi um engano,
Ela só tem oito.

Muito alegre, inteligente e curiosa,
Com certeza terá um futuro promissor
Será uma mulher prodigiosa,
Abençoada por Jesus Cristo,
O Senhor.

Deus te abençoe.

Gostou Lara?

"Gostei mesmo." Respondeu ela toda sorridente.

Fiz cópia e dei a ela para levar para casa.

E com este fato nasceu a idéia de fazer

"Poesia por Encomenda".

E assim ficou o cartaz:

"Encomende tua poesia:

R$ 5,00 se você não gostar

R$ 3,00 se você gostar."

E naquela tarde de domingo, por incrível que pareça, foram 17 encomendas. Faturei R$ 51,00 (todos gostaram), o equivalente a 5 livros.

Me impressionei comigo mesmo. Caso isso seja possível e correto em português. Acho que é um pluri-pleonasmo!!!

A seguir as 17 poesias encomendadas...

Poesia por Encomenda número 2:

A mocinha (16 anos)

Poesia feita na hora?
Ora pois!
Se não der tempo, entrego depois.

Mas como você faz?

Ah! Eu olho para a pessoa.
Converso e vejo se é pitoresca.
Decido num instante. Gente boa?
É o teu particular caso Waleska.
Waleska com W e com K,
Diferente e pitoresca de arrasar.

Tem mais: Waleska Danielle Cardadeiro,

Me intriga e me instiga: Por que usar o primeiro?
Waleska, nome russo, alemão ou polonês?
Se tens Danielle, tão delicado, feminino, francês?
Além de tudo, o sobrenome Cardadeiro,
Diz ela: português?
Tenho cá comigo, ora pois,
Considerações que guardo para depois.
És Waleska, nome forte, robusta menina,
Ao mesmo tempo, Danielle, francesa, feminina,
Serás uma forte mulher esposa e mamãe delicada,
Progenitora significativamente amada.

Foi Deus quem te fez tão especial,
Waleska Danielle Cardadeiro,
Que Jesus Cristo te abençoe por inteiro.

Poesia por Encomenda número 3:

Amanda, Amada

De repente é o amor.

"Quero poesia para minha namorada. Por favor"

Claro Fernando. É uma satisfação,
Com tal pedido do fundo do coração.

"Ela é linda! A minha namorada."
Ressaltando qualidades de sua amada.

Qual o nome da princesa?

"Amanda". Diz com presteza.

408 km distante.

Amanda.

Saiba que há um coração pulsante
Que de ti não se esquece
Pois sabe que você merece.

"Amanhã irei para Curitiba."

Não vê a hora da partida...

A cada km mais perto,
Vai se esvaindo o deserto.
A terra é muito fria lá.
No ano que vem vou me casar,

Diz o Fernando com prazerosa convicção,

Embora o frio seja de arrasar,
Só de olhar para ela,
Já começa a esquentar.

Duro mesmo é a despedida.
Quando chega a hora da partida.

A cada km que se afasta,
O coração não bate, se arrasta
Mas embora o momento seja de tristeza,
Seu coração transborda de certeza
Que por sua bela princesa,
Quanto maior a saudade,
Tanto maior a felicidade
Do próximo encontro com muito calor.

De repente, é o Amor.

Poesia por Encomenda número 4:

Jovem para a mãe Irani

Senhora Irani.
Ainda não a conheci,
Nem pessoalmente, nem por foto.
Só conheci o Fernando e sua moto
Mas já, por ti,
Senhora Irani,
Tenho muito respeito e admiração
Pois do teu filho
Só senti bondade e educação,
Só senti amizade e bom coração.

Senhora Irani.
Tais virtudes não brotam por acidente,
Tais virtudes não aparecem de repente,
Elas são semeadas com muito ardor,
São regadas com muitas gotas de amor,
São tratadas com mãos finas e caprichosas,
Gentis e delicadas como pétalas de rosas.

Senhora Irani.
Eu logo vi,
Pelos frutos é que se conhece,
Pelos frutos é que não se esquece,
De alguém de real valor,
De alguém, por quem,
Se tem inigualável amor,
De alguém que está sempre na memória,
De alguém que completa nossa história.
Senhora Irani.
Ainda não a conheci,
Mas já sei sobre Ti.

Poesia por Encomenda número 5:

A Italianinha

Você quer poesia encomendar?
Bastam 5 ou 3 reais pagar.

"Ah! Nel. Essa não.
Sou eu, Giovanna, tua amiga."

Claro minha pequena Giovanna.
Conheço e nunca esqueço
Do primeiro dia em que te vi,
Foi lá na Alameda Corvina,
Logo antes da esquina.

Oi, quem é você? Pequena menina.

E a resposta com toda convicção:

"Eu sou italianinha, Giovanna."

Realmente acreditei de coração,
Nossa amizade cresceu de roldão.
Hoje sei que és brasileirinha,
Tão bonita e tão engraçadinha.
Você está cada dia mais inteligente,
Cada vez mais sorridente.
Está tão, mas tão bonita
Que até parece uma cabrita.

Minha preciosa Giovanna,
Jesus Cristo te ama

Poesia por Encomenda número 6:

A Alemãzinha

Carolina,
Graciosa menina.
Um semblante contagiante,
Cativa você num instante.
Seu sorriso dá gosto de olhar.
Seus olhinhos não param de piscar.
Carolina Zandavalle Steinacker,
Soletrado e caprichado.

Que sobrenome bonito e pomposo,
Do vovô alemão herdou o precioso.

És tu alemã?

Ah! Meu vô é.

E você?

Ah! Eu sou mais ou menos!!!

Divertido não é?

Poesia por Encomenda número 7:

A Menininha Vitória

Vitória menina,
Quanta vitamina!
Chegou, olhou e
Em menos de 7 segundos
Já encomendou:

Eu quero poesia.

Num instante,
Já me trouxe alegria.

Faz por dois?
Pede ela um desconto.

Vitória,
Você merece, eu atendo de pronto.
Pode me pagar depois
Ou ainda ficar de graça
Pois aqui nesta praça
Tua beleza, tua franqueza,
Tua inteligência e teu bondoso coração
Tocam fundo a minha emoção
E eu estarei sempre de prontidão
Para te atender com muita calma
Do profundo de minha alma
Pois Vitória, menina prodigiosa querida,
Serei teu amigo por toda a minha vida.

Poesia por Encomenda número 8:

Marido preferido

Sr.Osmar.
Ainda não te conheço,
Nem sei teu endereço
Mas por ti já tenho bom apreço,
Pois foste muito bem recomendado.
Honesto, capaz, dedicado,
Prestimoso, carinhoso e trabalhador.
Com certeza homem de grande valor.

Na vida nem sempre somos reconhecidos,
Há sempre alguém com ares convencidos,
A inveja afeta a gregos e troianos e
Infelizmente atrasa alguns planos.

Sr.Osmar.
Trago eu notícia boa.
Esta fase é apenas leve garoa,
Profetizo chuva plena em tua horta,
Jesus Cristo vai te abrir grande porta,
Mas importante já tens em teu próprio lar.
É uma alegria, uma euforia,
Ouvi a Sra.Beth falar.
Seus olhos brilham:

"É meu marido Osmar".

Por favor não vá ficar convencido,
Por ser o homem,
Marido preferido.

Poesia por Encomenda número 9:

Para Mamãe

"Faz poesia para minha mãe?" Faz?
Eu sei que você é capaz.
Se a gente não gostar,
A gente mesma faz.

Ah! É? Gracinhas!
Vitória e Giovanna,
Vocês fazem outra mais bacana?

Mamãe Maria Antonia,
Veja como és amada.
São palavras da tua criançada,
Elas querem o melhor para ti.

"Eu te amo de verdade, mamãe!" Diz a Vi.
"Eu te amo, com sinceridade mamãe." Diz a Gi.

Espera um pouco, não para aí.

Eu te amo do fundo do meu coração.
Diz o Ricardinho com toda convicção.
Falta a Isabella que apenas com um olhar,
Já se contempla mamãe a espelhar.

Mamãe Maria Antonia.
Esta linda prole em tua vida,
Traz certa preocupação
Mas em contra partida,
Transbordam emoção,
Carinho, amor,

Beijinho, e calor.

Mamãe Maria Antonia
Deus te presenteou com esta família abençoada.
És pelos teus filhinhos,
Quatro vezes amada.
Considere-se uma mulher e mamãe realizada.

Que Jesus Cristo continue no centro de teu lar.

Poesia por Encomenda número 10:

Lena

Senhora Maria Helena?
Ah! De jeito nenhum.

Senhora Lena?
Ah! Não.

Doutora Lena?
AH! Melhor.

Teacher Lena?
Ah! Um pouco melhor.

Mother Lena?
Melhor ainda.

Lena amiga?
Ah! Chei a frase correta,
Para a perfeita atleta,
Sempre disposta, com todas as pilhas,
A cuidar e paparicar as duas filhas.
É uma mãe com qualidade especial,
Preserva a família com carinho sem igual.
Amizade, companheirismo, felicidade e amor.

Lena amiga.

Lena amiga.

Poesia por Encomenda número 11:
Jovem 18

"Eu quero poesia para mim."
A estória começou assim.
Olhei em seus olhos e
Captei seu semblante.
Tudo rápido em breve instante.
Foi um choque e pulsei em arritmia.
Seu rostinho irradiava inequívoca e especial alegria.
Deus quem te fez, teve muito bom gosto.
Teus olhos, teu sorriso, tua expressão.
Brilham, cintilam, algo superior, acima do chão.
Tua expressão. Viu Maíra,
Com i e acento agudo,
Merece particular estudo.

Transmites tu uma alegria não trivial,
Em seu bojo, um recheio celestial.
Deus te equipou com um dom especial.

Deus que sabe tudo,
Não precisa de estudo.
Ele sabe o 'por quê'.
Ele sabe o 'para que'.
Ele conhece e ama você.

Poesia por Encomenda número 12:

Mãe Mirian

Mamãe Mirian.
Tenho eu uma agradável notícia
Que espero levar-te alegria
Foste contemplada com uma pequena poesia
Em tua homenagem pelo teu especial dia.

Maria,
Tua filha que te ama,
Que te considera e muito te quer,
Desde quando menina até quando mulher,
Quis uma recordação gravar para toda a vida,
Do fundo do coração,
Provar o quanto és querida.

Muitos presentes recebem as mães neste evento
Mas tu querida mamãe Mirian,
Recebes de coração um comprovado sentimento
De ver em ti qualidade e valor,
De ter por ti o mais puro e verdadeiro amor.

Poesia por Encomenda número 13:

Mãe Zenaide

Senhora Zenaide.
Conheci hoje tua filha querida,
Com certeza a única, preferida.
É um amor de menina,
Tão jovem e tão decidida.
"Quero uma poesia para minha mãe".
Que prazer, que alegria, que amor,
Ter a mãe em tão grande valor,
Ter a mãe como amiga verdadeira,
Confidente para a vida inteira,
Nas horas difíceis, sempre pronta a aconselhar,
Nas horas alegres, sempre pronta a compartilhar.
Em todos os momentos a participar.

Senhora Zenaide,
Tua Pámela querida
É um exemplo de vida.
Parabenizo a senhora e tua filha amada,
És uma mãe realmente realizada.

Poesia por Encomenda número 14:

Amanda

Logo que te vi, surpreendeu-me teu olhar.
Jovial, alegre, mas sem nada a falar.

Quer você, poesia encomendar?
Perguntei com afirmativa certeza.
Mas para minha infeliz surpresa,
Amanda só deu de ombros e omoplata,
Como quem não quer nem ouro, nem prata.
Não disse sim, nem disse não.
Não captei, nem sua idéia, nem sua emoção.
Foi gelada como um sorvete de limão
Mas não me dei por satisfeito não.

Perguntei de novo.
Amanda, o que você manda?
Não quer uma poesia singela
Que diz o quanto você é bela,
Com essa blusinha amarela e
Esse sorriso entusiasmante,
Que mostra como você é elegante,
Tão bonita, mas tão bonita
Que até parece uma cabrita?

Enfim, conclui que queria
A tão falada poesia.
Ficou ela a olhar-me curiosa,
Em me ver escrever em verso ou prosa.
Como nada via rabiscar,
Sabiamente pensou:

"Estou a atrapalhar."
Vou dar uma voltinha e
Já, já volto buscar.
Falou ela afinal com sua vozinha maviosa,
Parecia ter vindo de uma amarela rosa.

Ao voltar, surpresa triste.
Nada escrito, nada viste.

Amanhã te trago a poesia dita,
Prontinha, caprichada, todinha escrita.

Seu beicinho se juntou em um trejeito.
Fiquei feliz, pois captei sua emoção.
Senti que queria do fundo do peito.
A poesia com amor do seu pequenino coração.

Poesia por Encomenda número 15:

Jovem bela

Com surpresa te ouvi:
"Faz poesia para mim?"
Logo depois que Camila leu a da Amanda, sem fim.
"Mas que poesia tão grande e caprichada?"
Isso serviu para me deixar numa enrascada.
O que escrever a uma jovem tão bela?
Tão alta, tão elegante, tão cinderela?
Algo chocante, entusiasmante do tamanho dela?
Com apenas dezesseis,
Camila já valia por três.
Com dezessete,
Campeã de basquete?
Com dezoito, responsável maioridade,
Miss simpatia da sua cidade?
Aos vinte e um,
Não vai ter para nenhum.
Com tal estatura,
Uma preciosa formosura,
Importa permanecer pura
Mas, acima de tudo isto,
É sua aliança com Jesus Cristo.
Exemplo e esteio em sua família,
Em busca da vida em santidade,
Não só dizer o que deve certo ser
Mas sim, viver e viver a verdade.
Camila Soler,
Jesus Cristo garante tua eternidade.

Poesia por Encomenda número 16:

Vitor 9

Vitor.
Você não quer uma poesia?
Vai exaltar essa sua alegria,
Esse teu olhar super radiante,
Esse teu topete elegante.

"Não. Eu não quero não."

E ficou por ali de lado,
Com um ar compenetrado,
Só analisando o que sucedia de fato
E de repente, em decidido ato:

"Eu quero poesia para minha mãe."

Tua mãe, Silvia, sim, sabe ele, ela merece,
Dela o vivo menino nunca se esquece,
Por ela seu coração estremece.
Neste especial dia,
Vitor decide levar alegria
Para sua mamãe super querida,
Lembrança para toda a vida.

Poesia por Encomenda número 17:

Isabela

Com uma letra 'l' só
E uma letra 's'.

"Por favor, não se esquece."

Diz ela, a Isabela,
Com um olhar sério e dominante
Que apenas em um instante
Transmite seu ar decidido.
Embora tão jovem menina,
Sua vontade e emoção,
Fala alto e predomina.

Seu pai, Sr.Osmar,
Só faz admirar:
"Que filha bonita e bela tenho eu!"
Só pode ser Isabella, com uma 'l' e uma 's'
 Dela ele nunca se esquece.

Sua mãe, Sra.Ângela.
Dizer isto é preciso,
Tem um sorriso expressivo
Que agrega a família com carinho,
Em um sensível e amoroso caminho.

Desta página até o final inseri alguns textos e poesias que me fazem pensar, chorar e meditar, acho que é a **FLOR DA VELHICE** me cutucando, pois passei a pensar pensamentos inusitados até para mim mesmo (boa frase não é?).

Espero que também toquem os teus sentimentos meu amigo leitor.

Boa leitura.
(não pule)

FILHO! FILHA!

Filho!
Não te preocupes.
Filha!
Não te preocupes.
Minha frase preferida,
Quase sempre repetida.
Não te preocupes.
Procure uma pessoa bondosa,
Não precisa ser rica, famosa nem formosa;
Precisa sim, ser bondosa.

Com olhar de incredulidade:

"Eu já tenho tanta idade."

Calma, calma,
Aquieta tua alma.
Procure uma pessoa bondosa.
Sabes tu o que é ser boa?
Com certeza é aquela pessoa
Que ao ver um desconhecido tombar,
Ao invés de rir, se põe a ajudar.
É alguém que sorridente vem,
Interesses escusos não tem,
Está sempre pronto a escutar,
Se achega sempre a acrescentar,
Sentimento sempre sincero, puro,
Vem viver o presente e o futuro.

"Como vou saber que é bondosa
E não uma artista mentirosa?"

Ah! Respondo satisfeito e realizado,
No profundo dos olhos está o recado.
Os olhos refletem a verdade,
Palpitam a felicidade,
Descortinam a inocência,
Demonstram a pureza,
Comprovam a certeza,
A certeza que busca o mundo inteiro,
A certeza que todo o mundo quer,
À Rebeca o seu homem verdadeiro,
Ao Isaque a sua prometida mulher.

Esse encontro é um maravilhoso achado,
Por Jesus Cristo patrocinado,
Um encontro puro de amor,
Só mesmo por Jesus o Salvador.

VOCÊ REALMENTE VAI PARA O CÉU.

Personagens: Eu e Carol (10 anos).

Estava eu, lendo para ela a incrível e fantástica história de Jesus Cristo. Na realidade não era somente lendo, pois a menina já sabia ler muito bem. Ela sozinha já havia lido a história, mas em seus 10 anos, imagina, imaginava e não chegava a vê-la na realidade.

Em verdade, eu lia, relia e traduzia para o mundo infantil, para o rico mundo da imaginação de uma menina de 10 anos, tentando compreender o mundo à sua volta.

Em verdade, eu lia, relia, explicava, até que em um calor crescente eu revivia a história de Jesus Cristo.

Fôra Jesus Cristo preso sem causa justa, uma maldade. Fôra Jesus Cristo condenado à morte, à pior morte da época, a ser crucificado, pregado em uma cruz lá no monte. Fôra injustiçado sem nada ter feito de mal a ninguém.

A menina, abria cada vez mais seus lindos olhos vivos e brilhantes, estupefata, entendendo claramente o que havia acontecido de uma forma real e verdadeira.

Queria saber mais.

Eu, sentado ao lado dela no banco do jardim, revivia, como se estivesse acontecendo ao vivo naquele momento.

Fôra Jesus Cristo crucificado e como nenhum outro ser em toda a existência, grita em agonia a todo pulmão, ainda forte por incrível que pareça:

"ESTÁ CONSUMADO."

Naquele dia, ao meio dia, o sol parou de brilhar.

"O que é consumado?"

Pergunta a linda menina com aqueles olhinhos repletos de curiosidade.

Consumado quer dizer que está completo, resolvido. Na realidade, está completo o plano de Deus para todo o ser humano. Era tudo um plano de Deus, pois na verdade Jesus Cristo ressuscitou ao terceiro dia e apareceu vivo lá na Galiléia na época.

No calor da história, lendo, relendo, revivendo, meus olhos se tornaram também brilhantes pelas lágrimas que insistiam em rolar pelas minhas bochechas, por mais que eu as tentasse controlar.

Neste momento maravilhoso, a linda menina de olhos brilhantes, com seu sentimento peculiar, dá um salto além das lágrimas, sem revelá-las e exclama:

"Nel. Você realmente vai para o céu."

Aquela vozinha me atingiu no mais fundo do coração e marcou aquele momento para toda a eternidade. Jesus ouviu e registrou.
Carol. Consegui balbuciar em soluços.
Você também vai para o céu.
Nós dois vamos nos encontrar com Jesus lá no céu.

P.F.

Surpresa! Surpresa!

Eis que um belo dia.
Um dia como outro qualquer,
Para o que der e vier.

Como? Espera lá.
Um dia como outro qualquer?
Isso não existe, meu amigo,
Nunca é para o que der e vier.
Deus fez o dia para nossa alegria.
Mas... não deixa para lá.
Você precisa acreditar.

Eis que neste belo dia,
Entra na sala a minha filha cheia de alegria,
Seu olhar não escondia,
Um ar surpreendente de tão contente,
Com sacolas e mais sacolas para presentes.
Ela ama poder gastar,
Na realidade ela ama a vida aproveitar
Para Deus, ela nada deixa a desejar.

Mãe! Pai!

Vou ficar noiva.
Já escolhi a aliança.
Amanhã ficará pronta.
Vamos comemorar com uma janta.

"Mas olha. É surpresa.
Não conta para ninguém."

Frase direta, dileta e decidida,
Parecia uma juíza com o apito da partida.

Que dilema, penso eu.
Sou o pai que de joelho dobrado,
Prostrado num cantinho escondido,
Orou a Jesus para que seu Romeu
Fosse dentre sua criação escolhido.

Como vou deixar de contar:
Ao parente, ao vizinho, ao amigo,
Ao passante, ao cachorrinho, ao inimigo.
Como vou deixar tal fato escondido,
Se tenho vontade de contar até ao desconhecido?
Meu coração transborda de alegria
Pois Jesus me deu mais um belo dia.

Talvez eu saiba a razão de tal pedido.
Manter em surpresa e escondido.
Talvez ela, talvez ele,
Tenha esmero exagerado,
Com receio de que algo dê errado,
Fora do que fôra muito pensado e planejado.

Vou sair do talvez e caminhar na certeza,
Vou colocar a limpo sobre a mesa,
Eis a razão do reservado e da surpresa,
Com doçura na voz dela:
Eu já escolhi a aliança.

Você ouviu com comichão até na pança.

Aliança, Aliança, Aliança, ança, ança, ança.

Palavra de valor eterno,
Palavra que abala o inferno,
Palavra de Deus o Criador,
Palavra de Jesus o Salvador.

Olha minha filha querida,
Aliança é para toda vida,
Pode espalhar para cristão, judeu ou curdo,
Na MSN, na TV e até no ouvido do surdo.

Vou ficar noiva e a aliança já escolhi.
É para toda a vida, me abrace aqui.
Jesus Cristo está comigo nisto.
Nada, ninguém, algures, alhures, olhares pode impedir,
Toda a alegria, a vida que está por vir.

Jesus Cristo está comigo nisto.

P.F. = Pai Feliz.

ELE PODIA.

Oi! Giovanna.

Oi! Nel.

Tudo bem pequenina linda.

Tudo.

Nel. Me ajude aqui. Já li tudo e não sei a palavra.

Deixa eu ver. Ah! Ah! Já sei: Povoado.

Legal.

Nel. Lê para mim a próxima história que eu estou com preguiça?

Ta legal.
Senta que lá vai a história:

"Jesus, entretanto, foi para o monte das Oliveiras. De madrugada, voltou novamente para o templo, e todo o povo ia ter com ele; e, assentado, os ensinava. Os escribas e fariseus trouxeram à sua presença uma mulher surpreendida em adultério e, fazendo-a ficar de pé no meio de todos, disseram a Jesus: Mestre, esta mulher foi apanhada em flagrante adultério. E na Lei nos mandou Moisés que tais mulheres sejam apedrejadas; tu, pois, que dizes? Isto, diziam eles tentando-o para terem de que o acusar. Mas Jesus, inclinando-se, escrevia na terra com o dedo. Como insistissem na pergunta, Jesus se levantou e lhes disse: Aquele que dentre vós estiver sem pecado seja o primeiro que lhe atire pedra. E, tornando a inclinar-se, continuou a escrever no chão. Mas, ouvindo eles esta resposta e acusados pela própria consciência, foram-se retirando um por um, a começar pelos mais velhos até aos últimos, ficando só Jesus e a mulher no meio onde estava. Erguendo-se Jesus e não vendo a ninguém mais além da mulher, perguntou-lhe: Mulher, onde estão aqueles teus acusadores? Ninguém te condenou? Respondeu ela: Ninguém, Senhor! Então, lhe disse Jesus: Nem eu tampouco te condeno; vai e não peques mais."

Giovanna. Você sabe o que é adultério?

Mais ou menos.

Adultério é quando uma mulher beija o marido de outra.

Ah! Sim, agora eu sei mesmo.

Você vê, Giovanna. Jesus perdoou-a, mandou ir embora e não pecar mais.

Nel. Mas, Jesus podia julgar ela, não é?

Sim. Você sabe o porquê? Giovanna.

Sei sim. Por que Ele não tinha pecado.

MUUUIIIIITTTTOOOO BBEEEMMMM. GIOVANNA.

JESUS PODIA.

66

ERA UMA VEZ...
em
Ensina o menino a viver

Era uma vez um menino que gostava muito de 'Era uma vez...'
Por que será que ele gostava tanto assim?
Ah!
Seria porque seu pai lia histórias antigas da época da sua bisavó, todas as noites quando ia dormir?
Seria porque seu pai inventava estórias divertidas todas as noites quando ia dormir?
Com certeza NÃO.
NÃO!!!
Que pena!!!
Ele gostava tanto de 'Era uma vez...' que só de falar, seus olhos brilhavam, suas orelhas abanavam, seu nariz arrebitava, seus cabelos ficavam em pé, seu corpo todo se arrepiava, arrepiava, arrepiava...
É! Que pena!
Seu pai não lia nada de 'Era uma vez...' para ele, mas mesmo assim ele ficava todo arrepiado com o 'Era uma vez...'
Você não fica?
Que pena!
Ele ficava.
 Seu pai só brigava com sua mãe e bebia mais que a pia da cozinha.
Sua mãe apanhava e era ele que gemia.
Em silêncio.
Em silêncio soluçava.
Nem pensava em revidar.
Amava a sua mãe mas também amava o seu pai.

Será que era assim todos os dias?
Ah! NÃO.
Era assim muitas noites.
E o menino soluçava e dormia, dormia pensando no 'Era uma vez...'
Ah!
Acho que descobri porque ele gostava tanto do 'Era uma vez...'
Era porque dormia pensando no 'Era uma vez...'
Pensando, pensando, pensando...
E pensava assim...
Era uma vez...
Uma família bonita. Toda bonita.
A vovó bonita, só um pouquinho enrugada. Bonita, nem um pouquinho desdentada. Com fitas cor de rosa nos cabelos. Bonita que só, a vovó.
O vovô bonito, sorridente, contente em sua camisa toda xadrez.
A vó bonita, o vô bonito, o pai também bonito, sempre com balas nos bolsas para dar para a filharada que corria de tanta felicidade.
A mãe, nem se fala, linda, com ou sem avental mas sempre com um sorriso nos lábios. Sua face rechonchuda e corada. Quando saía da cozinha e aparecia na sala, a filharada já sabia que só podia ser coisa boa, gostosa.
Alegria.
E o menino soluçava, dormia e pensava.
'Era uma vez...'
Era por isso que gostava tanto.
Uma família toda bonita.
O vovô bonito, a vovó bonita, o papai bonito, a mamãe bonita e os muitos irmãos e irmãs bonitos.
Eram muitos picorruchos.

Uma felicidade.
Cada dois correndo p'rum lado.
Que bonito! Que família bonita!
Era uma vez uma família toda, toda bonita...
E o menino dormia, dormia, com os olhos apertados ao máximo para nada ver com eles dois.
Mas em seu pensamento ele via: Era uma vez uma família toda, toda bonita.
E dormia o Era uma vez...
E dormia, dormia, dormia e até dormindo sorria.
Como queria uma família toda, toda bonita.
O menino fora concebido enquanto sua mãe sofria de maus tratos...
Nascera, embora achasse que não fôra com muita querência.
Seu pai virara um bêbado diarista.
Sua mãe virara um saco de pancadas, também diarista.
Seu pai se ajeitara com a empregada de sua mãe.
Seu irmão mais velho virara um capacho dos sapatos do seu pai.
Certa noite seu pai não voltou para dormir em casa.
Seu pai não voltou à noite outra vez...
E outra vez... E outra vez... E outra vez...
Seu pai não voltou mais...
E nem falou tchau...
E nem o porquê.
Que horrível!!!
E aí?
Sua mãe comia o que sobrava ou o que ninguém gostava.
Ele e os irmãos comiam o resto.
Sua mãe emagrecia a olhos vistos.

Sua mãe morrera de repente.
Que tristeza!
Mas, mesmo assim, o menino gostava muito do 'Era uma vez...'
Em seu pensamento ele via:
Era uma vez uma família toda, toda bonita.
E dormia Era uma vez...
E dormia, dormia, dormia e até dormindo sorria.
Como queria uma família toda, toda bonita.
E dormia até o sol raiar...
Com os olhos apertados para nada ver com eles dois.
E dormia até o sol raiar outra vez.
Era uma vez...

Por favor, alguém...

Ensina o menino a viver...

Resposta Cristã à Religiosidade Brasileira

Este texto foi encomendado para participar em um projeto intitulado: 'Resposta Evangélica à Religiosidade Brasileira'. Submeti este texto aos organizadores e não recebi comunicação, seja ela positiva ou negativa. Ao incluir este texto neste livro atentei para o fato de que o título correto em meu ver seria: "Resposta Cristã à religiosidade brasileira".

Leia e comprove.

Meu povo!
Fui EU que vos escolhi.
EU vos escolhi para uma missão.
EU vos escolhi para a Vida Eterna.
EU disse que vou voltar e tudo irá se cumprir exatamente como EU prometi.
EU vos escolhi para uma missão simples, sem invenções ou articulações.
Não ME façam sentir tristeza.
Façam o que EU mandei vocês fazerem.
EU discipulei os doze apóstolos e eles não falharam.
Eles cumpriram direitinho a minha missão.
EU mandei e os inspirei a escrever tudo que aconteceu e o que acontecerá.
Sem falhar em nada. Cumpram o que EU ordenei.
EU não falei para vocês inventarem.
EU mandei escrever o que deve ser cumprido.
E está escrito.

Meu povo!
Não fui EU quem inventou teologia.
Estudo de Deus? Não, meu povo. Não é para estudar Deus.
É para ouvir, obedecer e viver Deus em tua vida.
Quem mandou complicar?
Não ME façam sentir tristeza.

Meu povo!
Não fui EU quem inventou idolatria.
Ídolos em tão imensa variedade: estátuas, estatuetas, medalhões, medalhinhas, colares, estampas, fotografias e muitas coisas mais.
Ídolos! Ora bolas!
EU só mandei adorar ao único Deus, meu Pai Criador.
Não ME façam sentir tristeza.

Meu povo!
Não fui EU quem inventou doutrina.
Ora bolas! Que perda de tempo. Não é para se criar regras novas.
EU já estabeleci e ordenei que tudo a fazer fosse registrado, inspirado e ninguém pode alterar uma vírgula sequer.
Está tudo escrito e definido. Não mandei criar doutrina nenhuma.
Não ME façam sentir tristeza.

Meu povo!
Não fui EU quem mandou inventar santos.
Olha que o número dos dias do ano não é suficiente para tanta invenção.

EU não mandei criar intermediários para falar comigo e com meu Pai.
Santo é todo aquele separado para Deus.
EU deixei o caminho aberto.
Não ME façam sentir tristeza.

Meu povo!
Não fui EU quem inventou tanto cargo nas igrejas.
Ora bolas! Para que tanta hierarquia?
Bispos, arcebispos, cardeais, papa, padres e outros nomes mais.
Eu só mandei serem Evangelistas, Pastores, Mestres, Profetas e Apóstolos.
Já é o suficiente. Não mandei ter intermediário.
Confessem direto a Mim e a Meu Pai.
Não ME façam sentir tristeza.

Meu povo!
EU não mandei inventar tanta reza.
Ora bolas!
Ainda mais, EU não mandei ficar repetindo, repetindo, repetindo a mesma coisa tantas e tantas vezes que até um colar de bolinhas foi criado para não se perder as contas.
EU e Meu Pai não somos surdos.
Ora bolas!
O que Eu mandei foi vocês, meu Povo, falarem direto o que há em seus corações com suas próprias palavras e dei o modelo de oração (não reza): Pai Nosso...
Não ME façam sentir tristeza.

Meu povo!

Não fui EU quem inventou o acender de velas para poder falar comigo ou pedir alguma coisa a Mim.
Meu povo! Vocês pensam que estamos no escuro?
Eu e Meu Pai somos a Luz do mundo.
Não me façam sentir tristeza.

Meu povo!
Não fui EU quem inventou rituais ritmados, cadenciados, decorados para poder falar comigo. E olha que são centenas de invenções com sinos, melodias, água benta, gestuais etc.
EU só mandei adorar com o seu coração e seu sentimento mais puro.
Não ME façam sentir tristeza.

Meu povo!
Eu não mandei adorar e endeusar a natureza.
Eu criei a bela natureza para o deleite, o cuidado e o desfrute por cada um de vocês.
Façam-Me o favor.
Vocês estão adorando a criatura quando deveriam adorar o Criador.
Não ME façam sentir tristeza.

Meu povo!
Cada homem é o próprio Deus?
Esta foi demais!
Meu povo! A criatura nunca pode ser, nem de perto igual ao seu Criador.
EU já falei: Só existe um Único e verdadeiro Deus que é o Meu Pai, o Criador.
Não ME façam sentir tristeza.

Meu povo!

EU sabia o que poderia acontecer com vocês e providenciei uma ajuda certeira, permanente e duradora.

EU deixei com cada um de vocês que me aceitou como Salvador, que entendeu o sacrifício da cruz, que acreditou na minha ressurreição e aguarda a minha Segunda Vinda, EU deixei o Espírito Santo, o Consolador que ajuda a cada um em qualquer situação, do jeitinho que cada um especial necessita.

Ora bolas! E olha que EU tenho visto até dentro de igrejas o meu povo deixar o Espírito Santo do lado de fora.

Deixam do lado de fora o Poder da Cura, o Poder da Salvação, o Poder da Profecia, o Poder do Milagre, o Poder da Oração, o Poder da Intercessão, o Poder da Expulsão de espíritos malignos, o Poder do Discernimento de Espíritos, o Poder da Diversidade e Interpretação de Línguas, o Poder do próprio Deus aqui na terra.

Mudem, Cancelem, Troquem todas as suas invenções ridículas que não têm nenhuma comunhão comigo e com Meu Pai, pelo Poder Onipresente, Onisciente, Onipotente do Espírito Santo de Deus, o Consolador deixado aqui na terra por meu Deus Pai Criador e por Mim mesmo Jesus Cristo, o Salvador.

Amém.

TOCANDO O SENTIMENTO DO SENHOR
18/4/2004

O que você pensaria se...
Como você se sentiria se um judeu legítimo, ortodoxo hassídico, a caráter, viesse à uma Igreja Evangélica, dirigindo-se diretamente ao povo evangélico e dissesse:

- YEOSHUA YAMASHIA é o Senhor Jesus Cristo.
- YEOSHUA YAMASHIA é o Messias prometido.
- que Jesus Cristo é o próprio Filho de Deus.
- que Jesus Cristo, sendo o Messias, virá uma segunda vez.
- que haverá a Segunda Vinda de Jesus.
- que quando Jesus Cristo vier, os mortos serão ressuscitados e os vivos serão transformados em corpo espiritual.
- que quando Jesus Cristo vier, Ele virá buscar a sua Igreja.
- que orar, qualquer um ora mas que você deve orar **tocando o sentimento do Senhor**.
- que ele, sendo judeu ortodoxo não se converteu mas sim foi completado em sua fé.
- que ele, judeu ortodoxo hassídico (da mesma forma que toda a comunidade judaica) foi cegado, surdo e mudo para que o gentio fosse convertido e só então depois o judeu seria completado na fé.
- que ele já está sentindo o cheiro suave da Rosa de Saron.
- que dom de cura é importante mas o dom do amor é mais importante.
- que dom de línguas é importante mas o dom do amor é mais importante.

- que ele, tendo sido completado na fé, teria conseguido organizar e conquistar para Jesus Cristo, 688 judeus ortodoxos hassídicos.

- que ele estaria indo a Israel aonde iria se encontrar com o Rabino mestre de 107 anos e iria explicar como completar sua fé e com isso milhões de judeus iriam ser completados na fé.

Tenho eu, uma boa notícia!!!

Tudo isso aconteceu mesmo em 18/4/2004, exceto a última afirmação que está para acontecer em maio de 2004.
O Sr.Shaul (Saulo em português) contou seu testemunho pessoalmente em minha presença nesse glorioso dia 18/4/2004.
Iniciou falando de seu pai, sua mãe e sua família todos ortodoxos praticantes.
Contou sobre sua mãe acometida de doença rara que destrói todas as cartilagens entre os ossos, paralisando seu corpo inteiro.
Após exames no Sorocabano, Einstein, Zerbini, nada a ajudar. Trouxeram especialistas dos EUA e concluíram que ela iria ficar o resto da vida deitada na cama até atingir o cérebro ficando como morta viva.

Ela disse ao Dr.Zerbini que iria sair dali para casa e ele informou que não seria possível, pois ela tinha 16 órgãos vitais funcionando por aparelhos.

Mesmo assim, ela disse que iria sair, pois seu Deus era poderoso. A cada dia que se desligava um aparelho, um órgão voltava a funcionar. O

Dr.Zerbini disse que era o efeito retardado dos remédios e que o problema poderia voltar.

Apesar de tudo, sua mãe foi para casa, sem aparelhos, sem UTI, mas não podendo andar.

Em casa, ela começou a analisar sua consciência e falou com Deus, **tocando o sentimento do Senhor**.

O que eu fiz? Qual foi meu pecado para estar assim?

Até que ela pede um sinal a Deus e Deus lhe dá.

Diz que era para mostrar a glória de Deus e diz que ela iria andar no dia primeiro de janeiro próximo.

A partir desse sinal, sua mãe diz a toda família que ela iria andar no dia primeiro de janeiro próximo. Entretanto sua família e todos os amigos concluíram que a doença já havia atingido o cérebro dela.

Faltando 15 para meia noite do dia 31 de dezembro ela informa que queria ficar só em seu quarto, coloca um véu em sua cabeça e ora novamente **tocando o sentimento do Senhor**.
À meia noite ela sentiu, como que um homem forte viesse por traz e a empurrasse para frente. Ela teve a revelação de Jesus Cristo ali. Saiu andando no meio de seus familiares judeus e 178 deles acreditaram que Jesus Cristo é o YEOSHUA

YAMASHIA, o Senhor Messias mesmo e todos eles foram completados na fé.

Não bastasse tudo isso, este judeu Shaul, ortodoxo hassídico não se convencia e não se completava na fé. Sua mãe, seu pai e parentes iam a cultos cristãos e ele não ia, dizia que lá não era comunidade judaica como fora ensinado desde a infância.

Acabou tendo que ir morar no interior em Mairinque e lá sempre havia a casa cheia de crentes até que se encheu e disse a Deus, referindo-se a Jesus Cristo.

Para me convencer, eu quero que aconteçam 3 coisas:
- Faça vir à minha casa uma pessoa analfabeta, que não me conhece, não conhece minha família.
- Conte em detalhes fatos de minha vida há 5 anos atrás e
- Me explique as profecias dos Livros de Isaias, Daniel, fazendo uma ponte até o Apocalipse.

O tempo passou e um dia após, a campainha da casa toca...

O homem diz a ele:
Olha, o Senhor Jesus Cristo me mandou aqui.

Shaul olha para ele e diz: aqui está cheio de cristãos sempre, nada de mais.

Você conhece alguém chamado Saulo?

Sou eu mesmo.

O moço afinal disse que ele seria batizado dentro de 8 dias e explicou todas as profecias conforme o Shaul havia falado com Deus, referindo-se a Jesus Cristo.

Mesmo assim, teimoso fez mais um pedido a Deus, referindo-se a Jesus Cristo:

Eu só vou acreditar se quando for batizado nas águas aconteça algo violento e sobrenatural.

"Se isso acontecer, eu, Shaul farei aliança contigo e irei falar de ti ao mundo todo, em caso contrário irei ser seu perseguidor".

No dia do batismo nas águas, no momento em que Shaul pisou às águas, ele foi totalmente arrebatada pelo Espírito Santo e só se lembra quando já estava seco se arrumado.

Tudo isto não é estória, é história verdadeira e aconteceu em Mairinque a uma família de judeus ortodoxos hassídicos.
Desde esse dia o Sr.Shaul tem se dedicado a contar para todos os judeus e também aos gentios a verdade que é Jesus Cristo, o Senhor e Salvador da humanidade.

FLIP, FLIP, HURRA!

Flip, Flip, Hurra!
Ah! Como eu ficaria muito feliz...

Se fosse eu um dos escritores escolhidos,
A compor mesa intelectual de preferidos,
Ou melhor, de justificadamente selecionados
E pudesse eu participar com pelo menos algum dos meus recados
E aprender carinhosamente com os escritores renomados.

Flip, Flip, Hurra!
Ah! Como eu ficaria muito feliz...

Muito esforço já fiz com meu livro de estréia,
Lancei, doei, arremessei em n tentativas,
A divulgar, comunicar, em fazer valer minha idéia,
Alegrias em família foram as prerrogativas.

Flip, Flip, Hurra!
Ah! Como eu ficaria muito feliz...

Foi produtivo e rendeu muito bom fruto,
Até transformou em amoroso o coração bruto.
Está o livro em sua terceira edição,
Muitos o leram e foram às lágrimas de emoção.

Fiquei tão feliz que nasceu o livro segundo,
Com as recompensas de um escritor estreante
Sem fama, ainda, mas muito galante,
A levar alegrias até ao meliante,

Que não tem cama, comida ou casa,
O que importa é o seu coração alegre em brasa,
Em felicidades pelo menos em algum instante.

Flip, Flip, Hurra!
Ah! Como eu ficaria muito feliz...

Tanta alegria fez crescer a perseverança
E nasceu o III: O Menino Esperança,
Embora homem, na flor da velhice,
Fez-me agir com atrevida inocência,
Talvez criancice
E ao FLIP me convidei a participar da ciranda
E entre Sabino, Veríssimo, Cortázar e Chico de Holanda,
Astros reis de envergadura da literatura,
Sem querer me exaltar,
Mas apenas em busca de um cantinho lugar
E enquanto vivo, respirando puder desfrutar.

Flip, Flip, Hurra!
Ah! Como eu ficaria muito feliz...

Até mesmo aqui estou inventando vocabulário,
A impressionar aqueles que irão julgar,
Embora descendente de português semi-operário,
Não tenha eu cá comigo, muito boa herança
Mas o que tenho é muita perseverança
A conquistar na FLIP amada, um honroso lugar

Flip, Flip, Hurra!
Ah! Como eu ficaria muito feliz...

Se outros melhores escreverem e se destacarem

E os três prêmios justificadamente arrebatarem,
Feliz ficaria eu se um prêmio revelação
Fosse criado, adicional em minha homenagem
E me incluíssem de roldão,
Mesmo sem passagem, cifrão e hospedagem,
Somente com um versátil banquinho
'o escritor estreante'
E pudesse eu carregá-lo a qualquer cantinho
E mesmo em silêncio ouvir os astros em burburinho.

Flip, Flip, Hurra!
Ah! Como eu ficaria muito feliz...

O JESUS QUE VOCÊ DEVE CONHECER

Jesus foi amigo dos pecadores:
   Jantou com Simão o leproso, foi ungido com perfume pela prostituta, teve os pés enxutos pelos cabelos da prostituta, curou homem com hidropisia no sábado, jantou com Zaqueu, cobrador de impostos (considerado ladrão), fez grupo de pecadores se sentir à vontade, fez grupo de piedosos se sentirem muito desconfortáveis. perdoou mulher em adultério.

Jesus trouxe o perdão de Deus para prostitutas, cobradores e outros. A sociedade era um sistema de castas religiosas com base em degraus para a santidade.
A comunidade Qumram dos essênios adotou uma regra dura: nenhum louco, lunático, ignorante, bobo, cego, aleijado, manco, surdo e menor de idade entrará na comunidade.

Jesus não tinha escrúpulos:
   Tocava leprosos...
   Crianças,
   Prostitutas,
   Pecadores,
   Samaritanos,
   Lunáticos,
   Hemorrágicos,
   Endemoninhados,
Nunca se preocupou com as regras da contaminação depois do contato com mortos, doentes, etc.

Naquela época, em cada culto na sinagoga, os homens judeus oravam: Bendito és Tu, ó Senhor, que não me fizeste mulher. Mulher não podia conversar com homens fora da família. Mulher não podia tocar em homem além do esposo. Jesus associava-se livremente com as mulheres.

No reino de Deus não há indesejáveis. Neste mundo, olhamos para ricos, belos, sucesso... Deus ama os pobres, os sofredores, os perseguidos.

Tudo em Cristo deixa-nos perplexos. Seu espírito me intimida e sua vontade me confunde. Entre Ele e qualquer pessoa do mundo, não existe termo possível de comparação. Ele é verdadeiramente um ser por si mesmo. Procuro em vão na história encontrar o semelhante a Jesus Cristo, ou qualquer coisa que se possa aproximar do evangelho. Nem a história, nem a humanidade, nem os séculos, nem a natureza me oferecem qualquer coisa com a qual possa compará-lo ou explicá-lo. Aqui tudo é extraordinário.

Jesus deu esta mensagem abaixo parafraseada por Frederick Buchner:

"Vão dizer a João o que viram por aqui. Digam-lhe que há pessoas que trocaram suas bengalas de alumínio por botas de andarilhos. Digam-lhe que os desanimados se transformaram em pessoas empreendedoras e uma porção de pessoas empreendedoras e uma porção de pessoas exaustas está vivendo pela primeira vez na vida."

Jesus dava ordens diretas aos demônios:
    - Cala-te.

- Espírito mudo e surdo, eu te ordeno sai dele e nunca mais entres nele.
- interessante que os demônios nunca deixaram de reconhecê-lo como o santo de Deus ou como o filho do altíssimo. Eram os seres humanos que questionavam sua identidade.

Lepra e Rejeição
A lepra não causa dor (só no princípio). Os bacilos da lepra matam as células nervosas e os pacientes não ficam mais alertas aos perigos que prejudicam seu corpo. Embora não sintam dor, os leprosos sofrem mais do que qualquer pessoa. Quase toda a dor que sentem vem de fora, a dor da rejeição imposta sobre eles pela comunidade.
Um Dr. na India tratava um leproso:
- No decorrer do exame o Dr.Brand colocou a mão no ombro do paciente e informou sobre o tratamento. Para sua surpresa, o homem começou a ser sacudido por soluços abafados.
- O médico disse: "Eu disse alguma coisa errada?"
- Não doutor, foi a resposta. Ele diz que está chorando porque o senhor colocou a sua mão sobre os seus ombros. Até chegar aqui, ninguém o toca há anos.
Jesus tocava os leprosos. Além de curar a lepra, curava a rejeição.

Jesus nunca encontrou enfermidade que não pudesse curar, defeito de nascença que não pudesse reverter, demônio que não pudesse exorcizar. Mas encontrou céticos que não pôde convencer e pecadores que não pôde converter.

Jesus sabia que a disfunção espiritual tem um efeito mais devastador que qualquer mera enfermidade física.
Toda pessoa curada finalmente morre e então o que acontece? Jesus não veio para curar as células do mundo, mas para curar as almas das pessoas. Com que facilidade nós, os que vivemos em corpos materiais, desvalorizamos o mundo espiritual. Embora Jesus tenha gasto mais tempo com a hipocrisia, o orgulho e o legalismo, não se vê ministério de televisão para curar esses problemas espirituais, se vê televisão fazendo curas físicas. É muito fácil alguém ficar atormentado com sofrimento físico e muito difícil ficar atormentado pelo pecado.

As curas de Jesus não são milagres sobrenaturais em um mundo natural. São as únicas coisas verdadeiramente naturais em um mundo que não é natural e sim demoníaco e ferido.

Se não existe Deus, então tudo é permissível. Dizia Dostoieviski.

Muitos abandonam a busca totalmente repelidos pela Igreja, nunca chegam a Jesus.

Como pode um grupo de homens e mulheres nada santos constituírem o corpo de Cristo? Como pode um pecador ser aceito como filho de Deus? Um milagre torna possível o outro.

O Espírito Santo raramente se apresenta na superfície de alguma coisa.

Jesus é radicalmente diferente de qualquer outra pessoa que já tenha vivido. A diferença entre alguém que é um exemplo de vida e alguém que é a própria vida.
Cada vez mais a Igreja é inimiga dos pecadores que se sentem mal amados pela Igreja.

O imperador Constantino legalizou o cristianismo e o transformou numa religião subsidiada pelo Estado. Usou os fundos monetários do Estado para construir Igrejas e patrocinar conferências teológicas.
Os dois reinos ficaram confundidos.
O Estado começou a nomear bispos e outros oficiais da Igreja e logo surgiu uma hierarquia que foi réplica exata do próprio Império. A Igreja tem enfrentado a tentação de se tornar a polícia moral.

O Homem Deus = QUEM ME VÊ, VÊ O PAI.
  - nenhum muçulmano pode imaginar Maomé reivindicando seu Alá.
  - nenhum judeu pode imaginar Moisés proclamando seu Iahweh.
  -nenhum Hindu pode imaginar n reencarnações ser A REENCARNAÇÃO.
  - nenhum budista tem alguma categoria que possa conceber um Deus soberano tornando-se humano.

Esse é o Jesus Cristo que você deve conhecer.

CARTA AO O ESTADO DE SÃO PAULO

Ao
OESP
Ref.: Conto verídico sobre trânsito em São Paulo.

Bom dia. Hoje, dia 28/11/2008.
Eu já sou sexagenário e em mais da metade de minha vida, sou assinante e assíduo leitor deste centenário veículo de comunicação. Em minha sexagenária opinião, com todo respeito e sobriedade, o veículo mais conceituado e idôneo da nossa humilde e sofrida América Latina.
Nesta condição, venho relatar um fato super desagradável e passível de alerta a toda população de São Paulo.

Aí vai:
Meu belo filho, em sua labuta diária nesta capital, estava dirigindo pela Av.23 de Maio sua Ranger 98, super conservada, bem cuidada e para sua infelicidade foi abordado por um "responsável por trânsito", com todo respeito, em sua fauna diária em atingir sua cota mensal de trabalho, que solicitou os documentos do motorista e do veículo em questão.
Carta de motorista super certa.
Documento do licenciamento super certo, até 2009.

Mesmo assim, o "responsável por trânsito" fez a consulta na central sobre o licenciamento para

verificar se efetivamente era verdade, talvez desconfiando do próprio documento oficial emitido pelo órgão governamental de São Paulo. A placa do carro é final 9, logicamente com documento válido só até o dia 30/11/2008 (coincidência???).
Estando tudo certo, saiu à procura de alguma outra penalidade e não é que em sua detalhada busca ele informa que a placa do veículo estava sem tinta (logicamente era a placa existente desde a compra em 1998, ou seja, há 10 anos) e lá se vai uma multa e apreensão do documento do licenciamento 2009.
Depois de muito choro sem resultado, o respectivo "responsável por trânsito" obtém mais um ponto em sua cota e informa que o procedimento é simples: bastando ir ali mesmo pertinho pintar a placa e fazer a vistoria.
E lá foi o meu filho!
Fila de pintura dentro do próprio pátio de vistoria de veículos em São Paulo, perto da Av.23 de Maio, e lá se vão R$ 40,00 (Pasmem! Dentro do próprio pátio da Vistoria SP, os pintores de placa operando uma ação ilegal aos olhos de todos).
Fila de Vistoria... ... ...
Ah! Você está na fila errada.
Você deve entrar na fila de Re-Vistoria"
E lá vai meu amado filho.
Fila da Re-Vistoria... ... ...
Ah! Você está na fila errada.
Ranger não é aqui.
É lá no Pari."
E por pouco, muito pouco, meu filho de boa índole (sou já sexagenário, sou casado há 34 anos, não me separei ou divorciei, não vou me separar ou

divorciar, sou fiel à minha amada esposa, meu filho é trabalhador e vai casar-se no dia 23 de Maio de 2009, (23 de Maio? Por coincidência a própria Avenida onde os pontos de achaque, desculpe, de choque são instalados) por pouco não comete um pecado verbal:
"Pari!!!
Onde é isso?
Ah! Meu Jesus me ajude!."
E lá vai meu filho maravilhoso à ponte no Pari...
Fila de Vistoria............... (hora de almoço).
"Ah!
Sua Ranger tem tarjeta de Santana de Parnaíba.
Você veio no lugar errado.
Você deve ir a Santana de Parnaíba fazer a vistoria."
Neste ponto, lá no Pari, embora meu valioso filho já tenha 30 primaveras, me telefona:
"Pai. Não agüento mais. Me ajuda???"
É lógico, eu, um sexagenário, sem antecedentes criminais, que nunca entrou em um órgão do governo com falta de respeito, com palavras de baixo calão, metralhadora fazendo uma limpeza de maus antecedentes visíveis, embora justiça seja feita, sejamos honestos, já passou por sua cabeça quando era repleta de cabelos cacheados, (hoje, sexagenário, sem os cachos e sem os cabelos), em fazê-lo. Já não passou na tua cabeça também???
Respondo de pronto:
É claro meu querido filho, irei com você.
E lá fomos nós.
Fila Vistoria Santana de Parnaíba... (era pequenininha; só uma reticências. Reparou?).
Ah! Já pagou a taxa de R$ 81,84?.

91

Não?
Como? Você pintou a placa?
Como? Dentro do pátio da Vistoria de SP eles pintaram a placa e cobraram R$ 40,00?
Vocês não sabiam que é ilegal?"
Agora, vocês repararam? Ele falou no plural. Eu, o sexagenário não sabia que não podia pintar a placa?
Mas, respondemos em dueto:
FFooii ddeennttrroo ddoo ppááttiioo ddee vviissttoorriiaa ddee SSããoo PPaauulloo.
"Nada disso. Vocês têm que encomendar outras placas, pagar R$ 65,00, depois fazer a vistoria aqui comigo e aguardar 15 dias, que é o tempo que demora para que o documento seja enviado aqui para Santana de Parnaíba."
Quinze dias????
Como pode ser se do pátio de vistoria de SP até aqui em Santana de Parnaíba de charrete talvez leve no máximo 120 minutos.
Como se explica?
"Façam o seguinte: Vão lá ao Centro de Trânsito de Santana de Parnaíba que eles talvez tenham outra solução."
E lá fomos nós, eu, o sexagenário e o meu bondoso filho com todo seu projeto de casamento em 23 de Maio de 2009 em sua cabeça.
Os diletos representantes funcionários públicos ouviram nossa história verídica e não acreditaram em sua veracidade, apesar de ser eu sexagenário, eleitor pontual, impostos em dia, IPVA, IPTU, IRRF, INSS, ITBI etc. Penso eu que eles pensaram que a criatividade dos seus correspondentes em São Paulo em atingir suas cotas mensais ou talvez

anuais pois dezembro é mês de 13 salário e bonificações estava super fértil.
Uma idéia nos iluminou:
Vamos ali naquele despachante e ver o que acontece.
E lá fomos nós.
Contamos a nossa história verídica e eis que as bocas ficaram escancaradas sem palavras e olhos arregalados.
E após um tempinho as soluções foram:
"Encomendem as placas aqui comigo. É mais barato, R$ 52,00 contra os R$ 65,00 lá.
Eu pago a tua taxa de R$ 81,84 e vocês não precisam enfrentar a fila regular de 60 minutos lá no Banco Governo. Vocês fazem a Re-Vistoria.
Vocês me pagam R$ 90,00, eu solicito uma segunda via do licenciamento e você poderá usar a Ranger até chegar o documento aqui quando vocês farão o desbloqueio e tudo ficará certo."
Após R$ 173,74, mais R$??? de multa, tudo ficou resolvido e de 23 de Maio só pensamos na data e não se fala mais em Avenida pois meu filho amado, está amando como Jesus Cristo mandou e vai se casar, como Jesus Cristo mandou com Cartório, Igreja, Bênçãos dos 4 pais, casa quitada, piscina, churrasqueira e muita Paz como Jesus Cristo mandou.
Agora. Você que lê esta história, ouça um sexagenário, eu, escritor e poeta, embora sexagenário, experiente da vida, viajado, também ingenuamente cairia nessa jogada.
Por outro lado, vocês do OESP, como falei no início, elogiando seu trabalho centenário (talvez tentando influenciar vocês a terem um tempinho

para ler minha história), que atravessou imperialismo, ditadura, república, democracia, neo-democracia, vel-democracia (explico: velada), comunismo, socialismo, trabalhismo, reformismo, conformismo, grevismo, protecionismo, revanchismo etc. Talvez pudessem enviar em mistério seus repórteres, fotógrafos e testarem a veracidade deste sexagenário lúcido que ainda pratica 2 horas de tênis, recheadas com um quilômetro de natação e salpicada com 4 quilômetros de bicicleta em um mesmo dia.

Só então tornar público e notório incontestavelmente tal fato, podendo prestar um serviço de utilidade pública à população paulista e um exemplo para outras partes deste planeta repleto de injustiças, maldades e tristezas.

Eu, o sexagenário, me despeço, não com minhas palavras, mas com as palavras da verdade e da justiça certeira derradeira:

"Deixo-vos a paz, a minha paz vos dou, não vo-la dou como a dá o mundo. Não se turbe o vosso coração, nem se atemorize." João 14:27

Nelson Alves de Mello –
Nelson.alvesmello@gmail.com

P.S. Até hoje aguardo resposta do OESP

SOBRE o AUTOR
(por ele mesmo)

Nelson Alves de Mello, economista, administrador, especialista em marketing, consultor em treinamento de vendas, administrador, instrutor, palestrante, escritor, evangelista, baterista, tenista, ciclista e nadador.

Estudou 'clássico' no Firmino de Proença, época em que o governo brasileiro era conceituado em educação e foi lá que aprendeu português, literatura e latim.

Sempre gostou das letras e nunca deixou de registrá-las, toda vez que algo ou alguém tocasse ou ferisse seus sentimentos.

Como escritor:
1. 'Os Porquês de Minha Vida de Alegrias'.
2. 'Alegrias de um Escritor sem Fama – (ainda)'.
3. O Menino Esperança.
4. Flor da Velhice.

O autor prepara com muito afinco e expectativa, seu quinto livro que vai alegrar muitos velhinhos: 'As Alegrias de um Vovô'.

Aguarde e não perca nenhuma de suas obras.

Nelson, o autor

Quarta capa fundo de página marronzinho-
Encontra-se em outro arquivo separado.

www.ingramcontent.com/pod-product-compliance
Lightning Source LLC
Chambersburg PA
CBHW031411040426
42444CB00005B/520